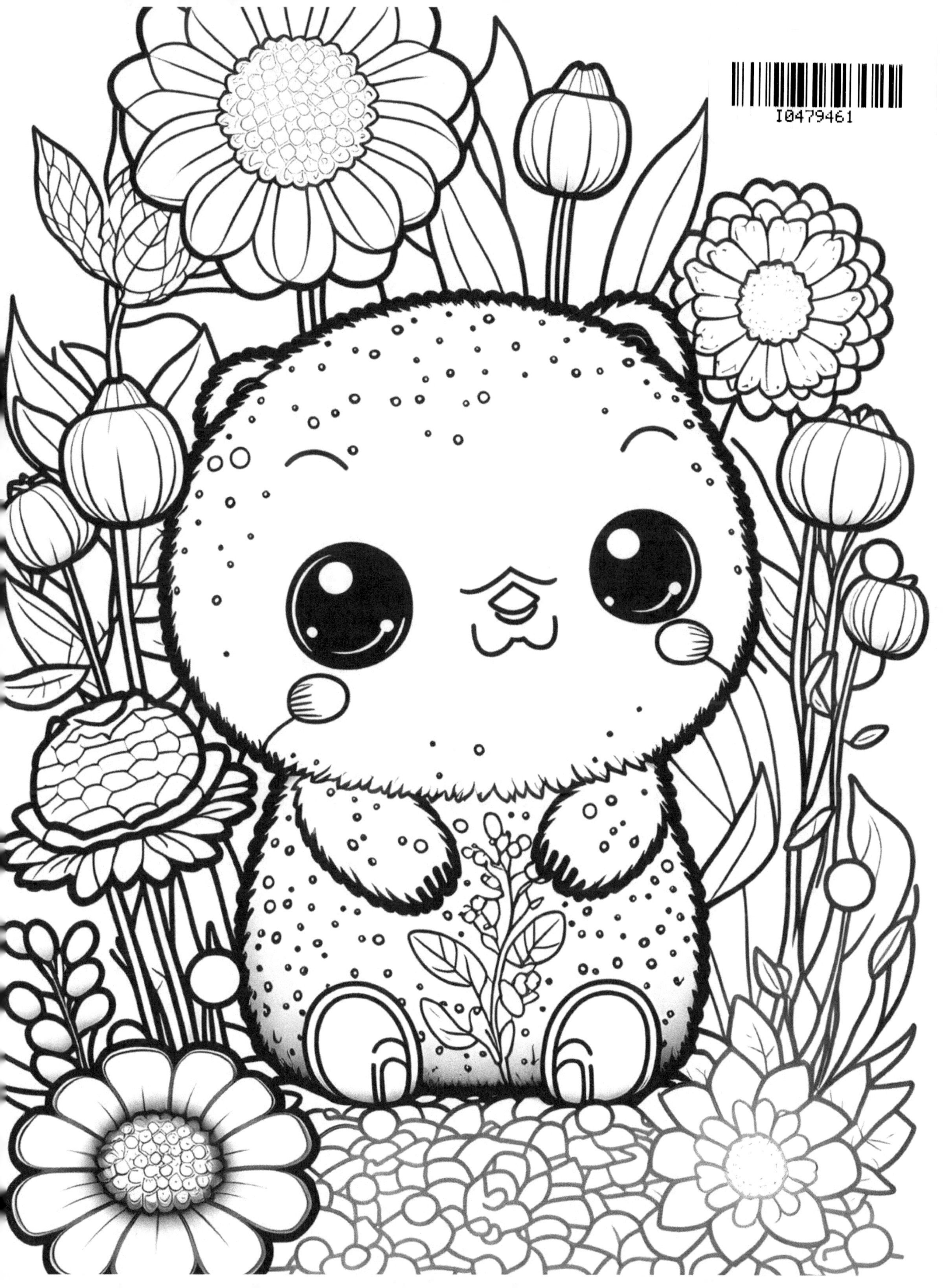

I0479461

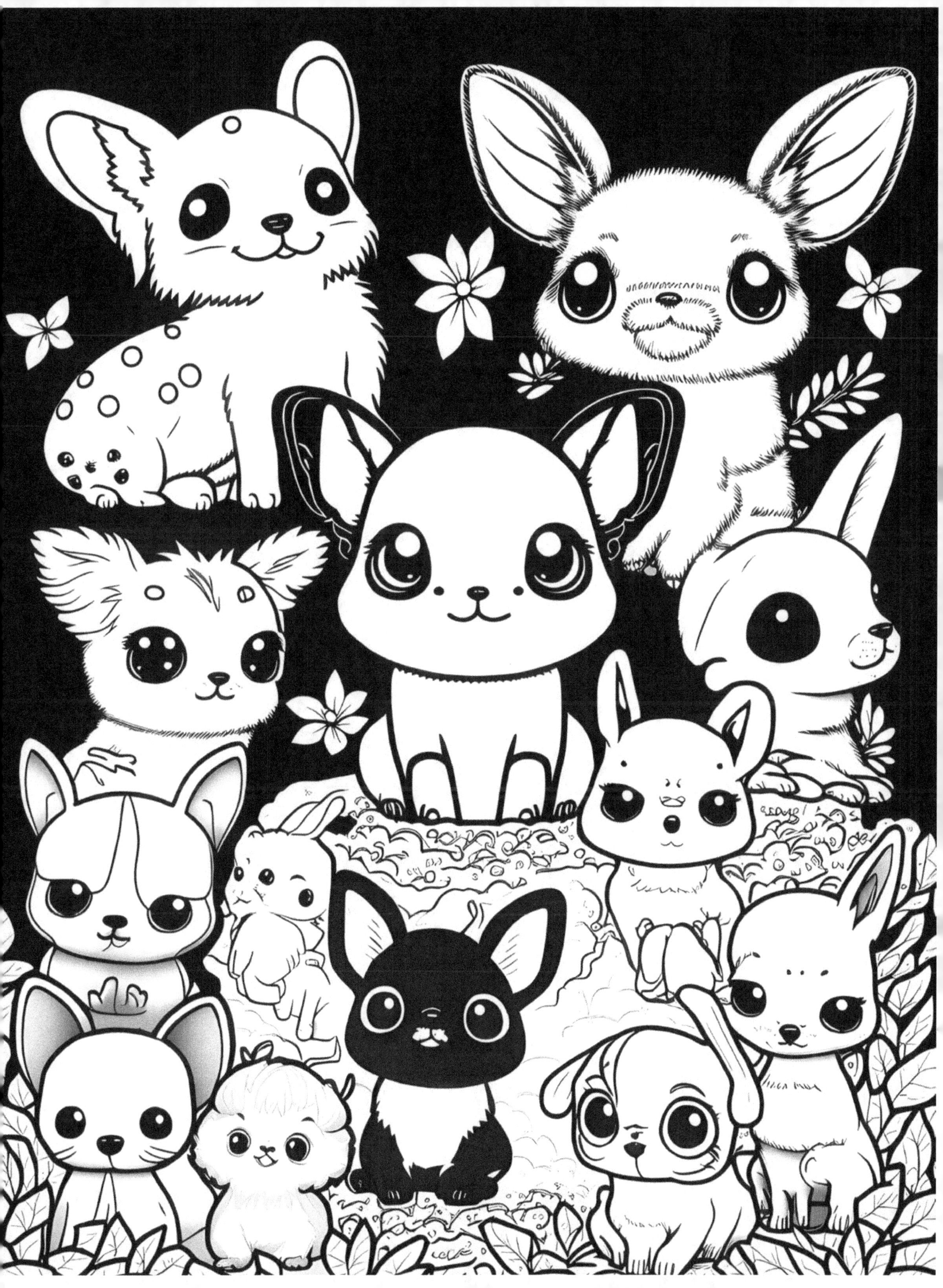

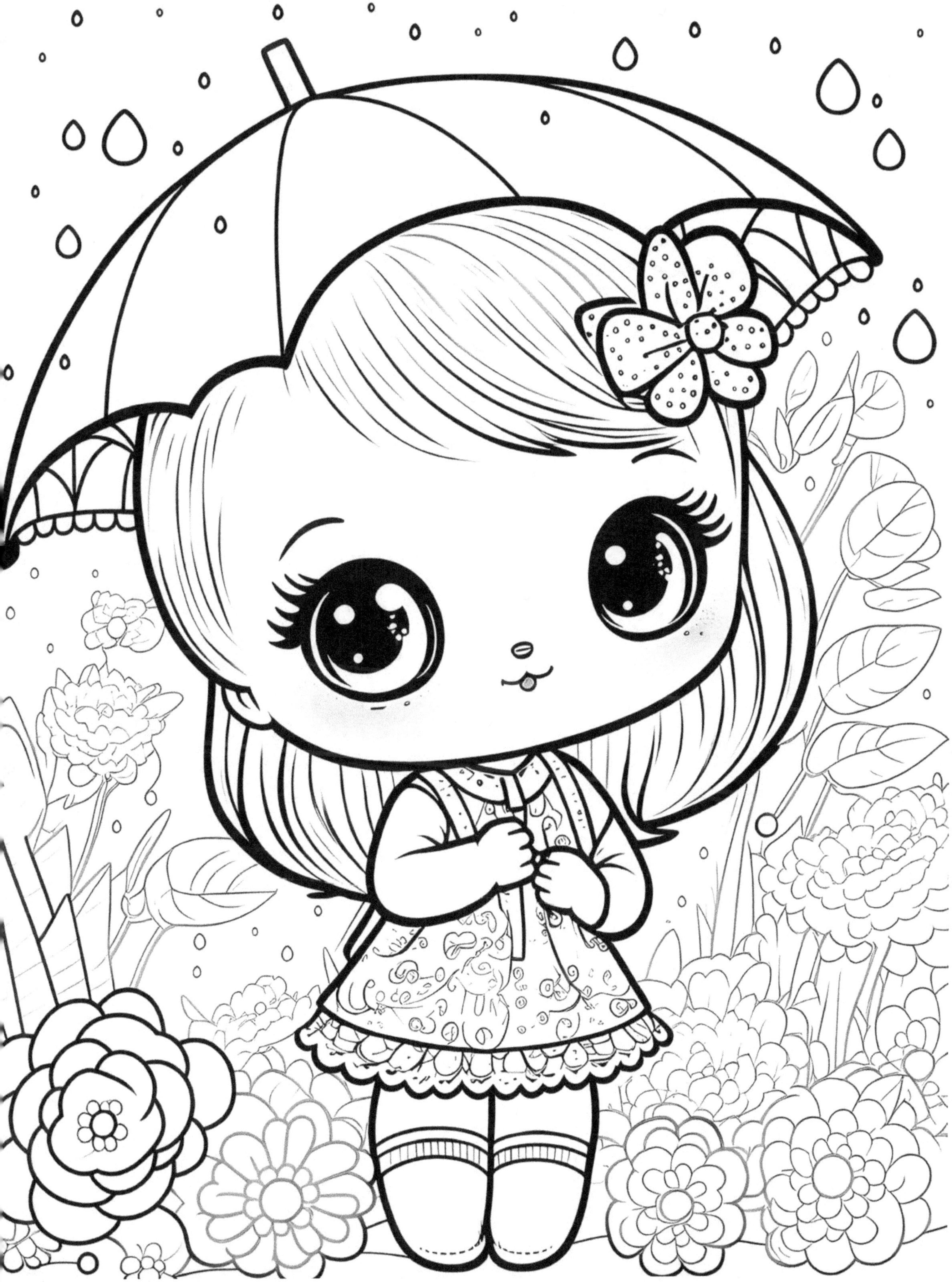

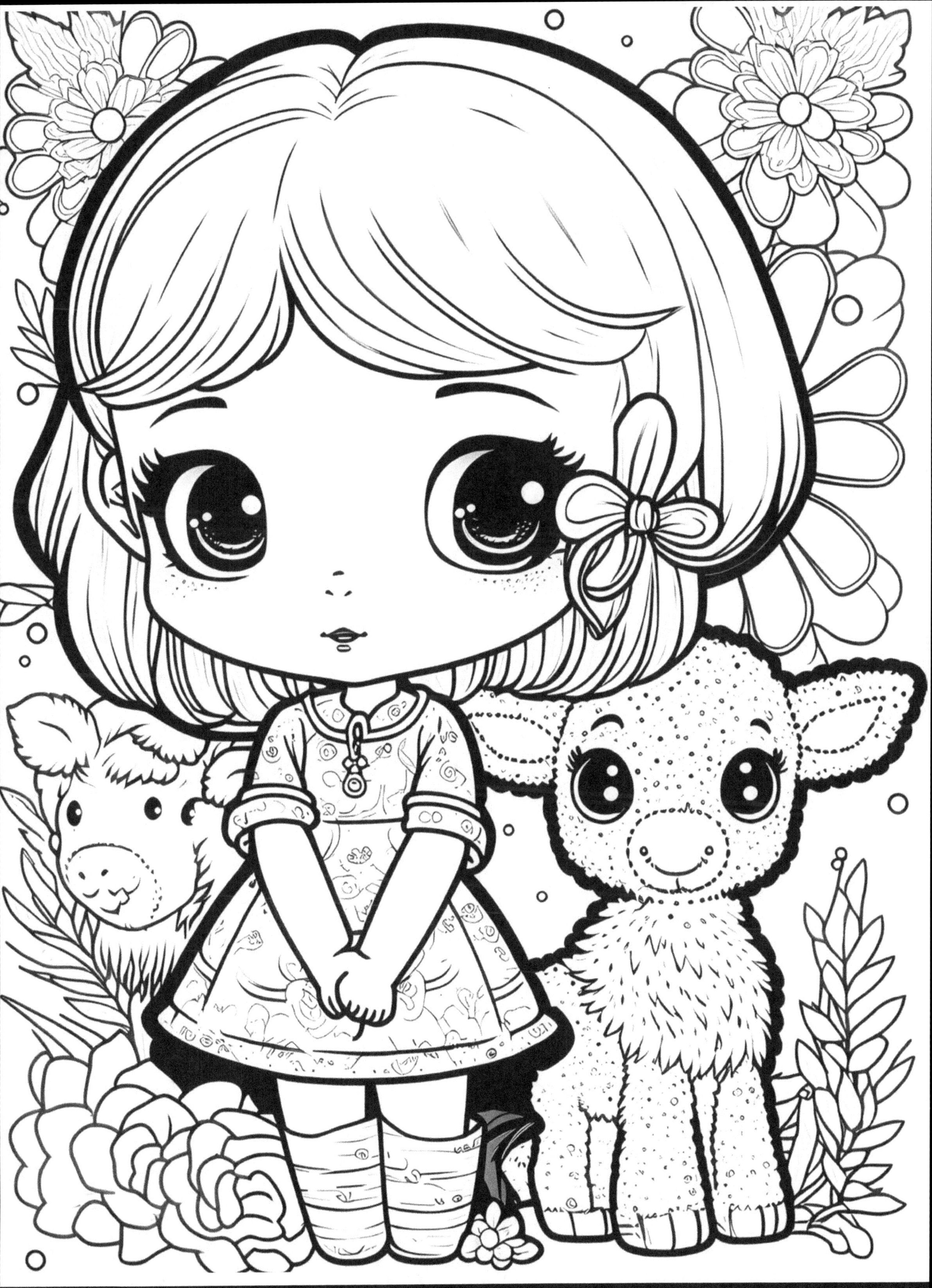

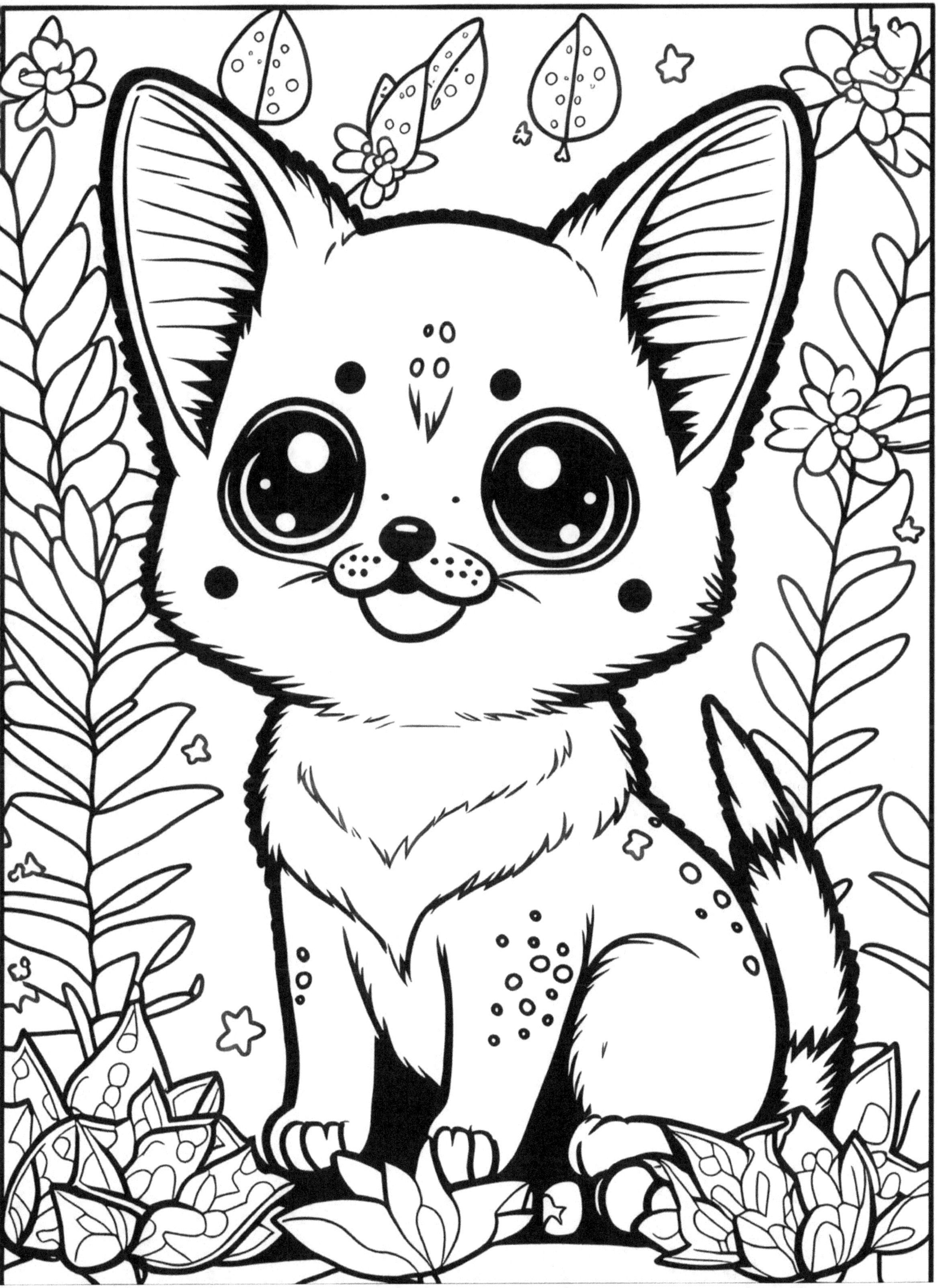

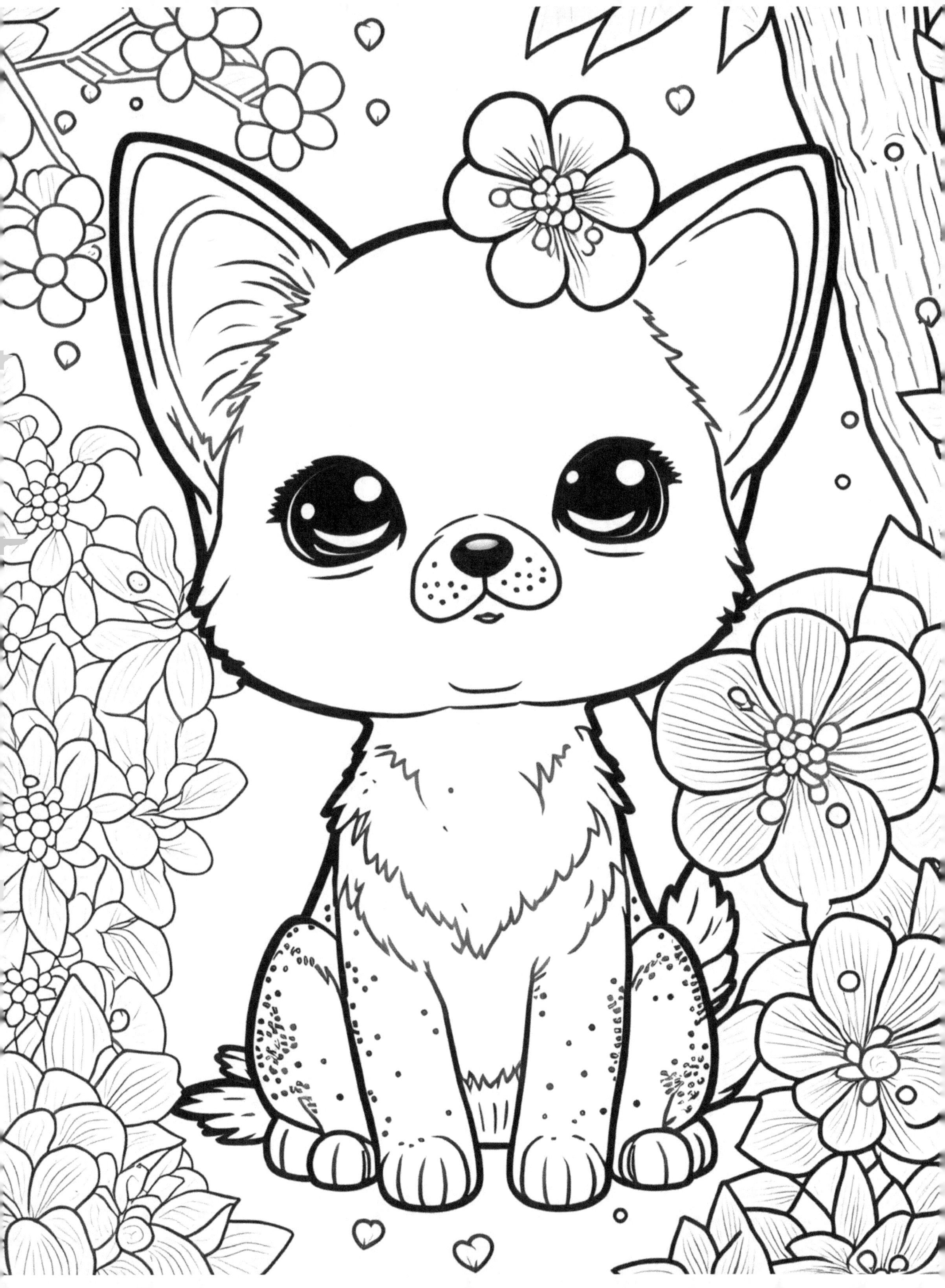

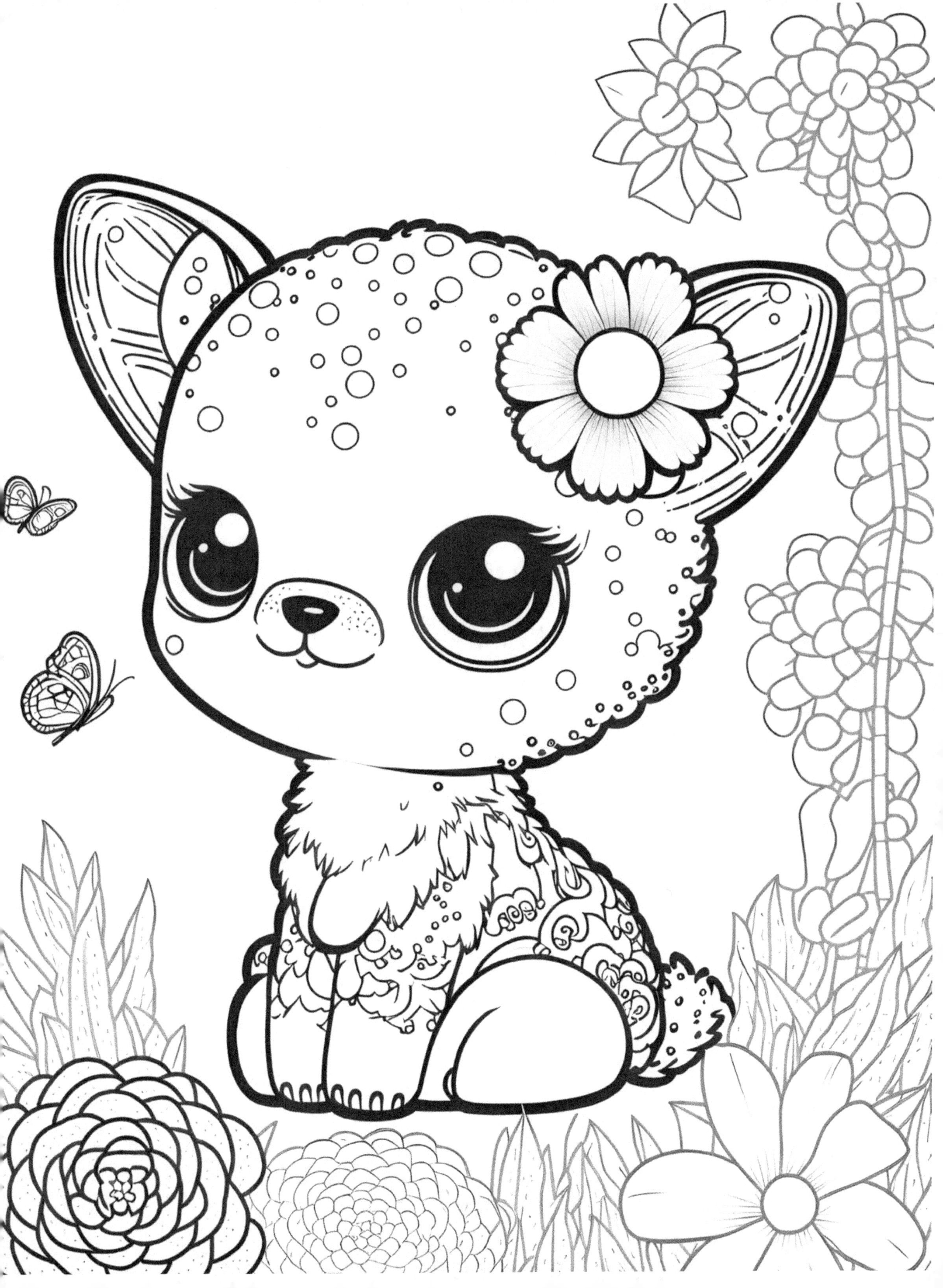

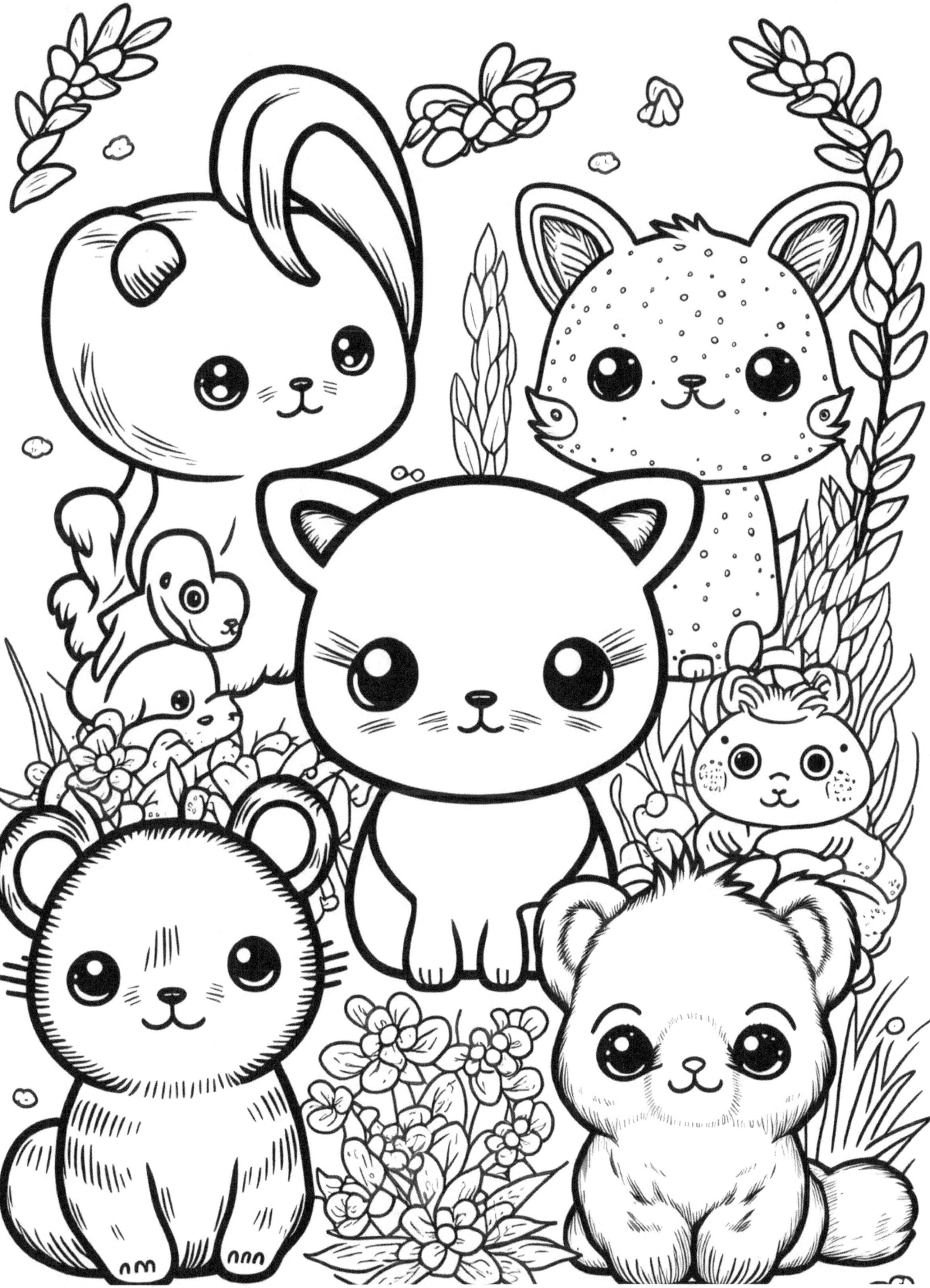

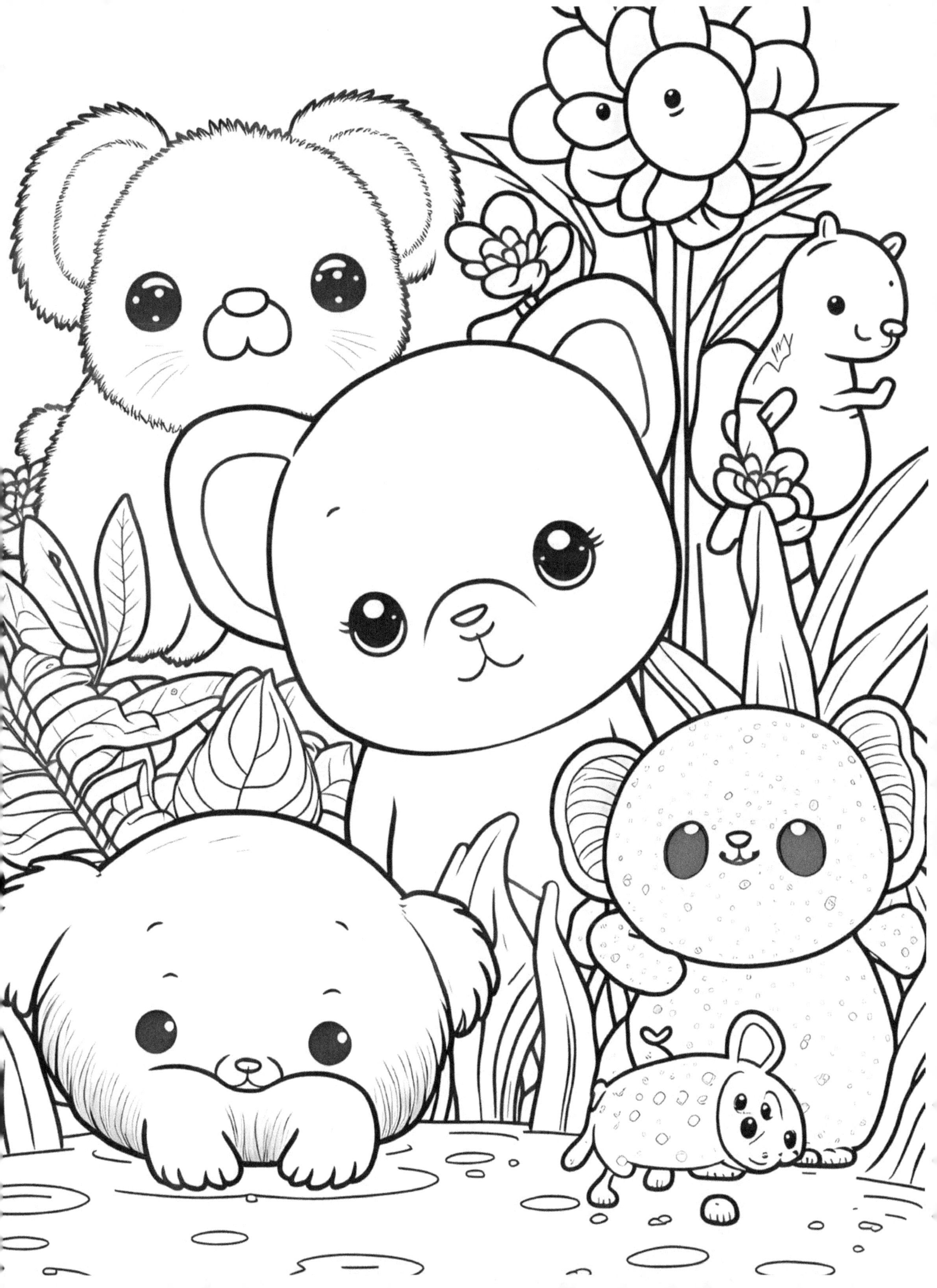

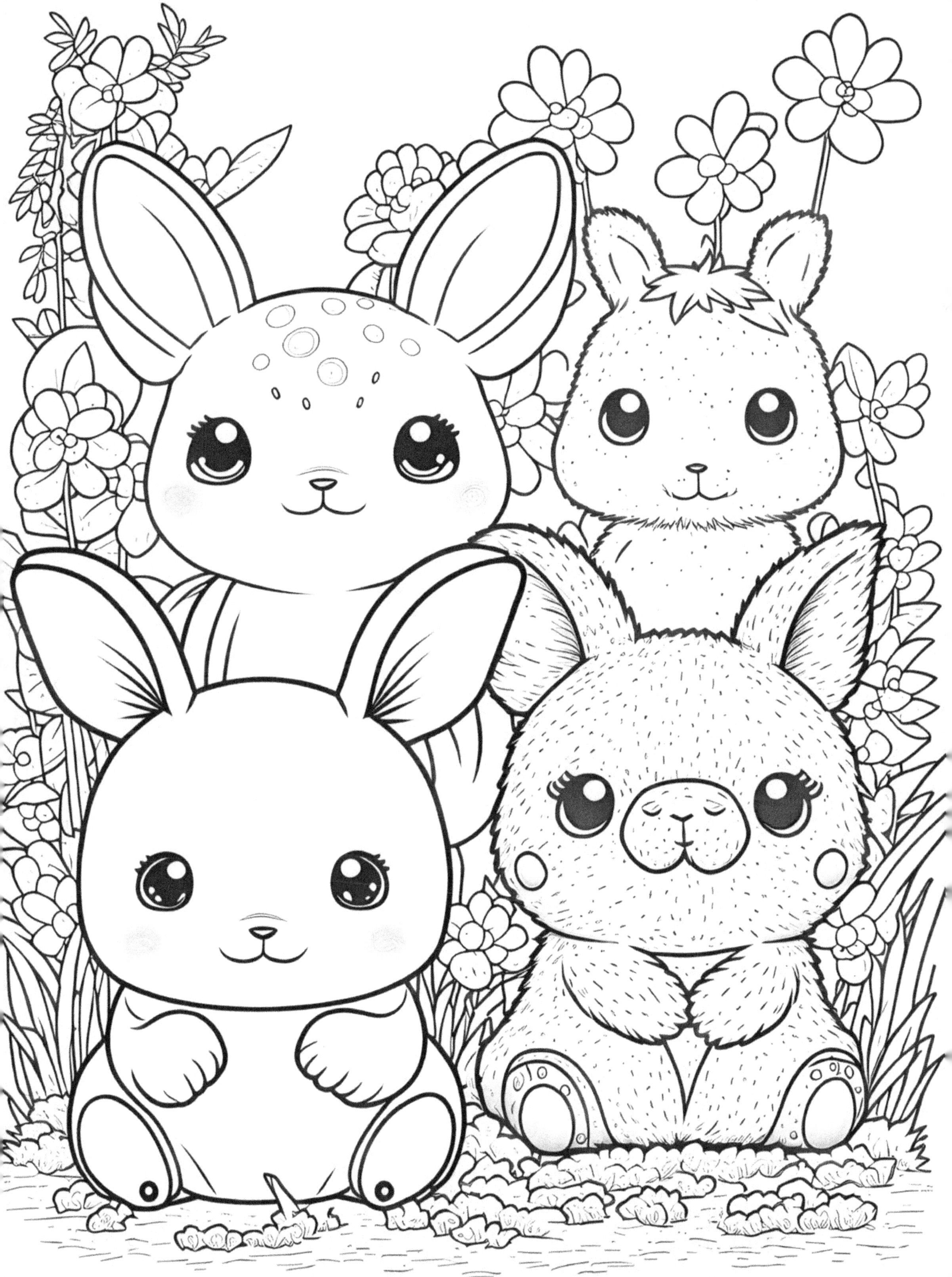

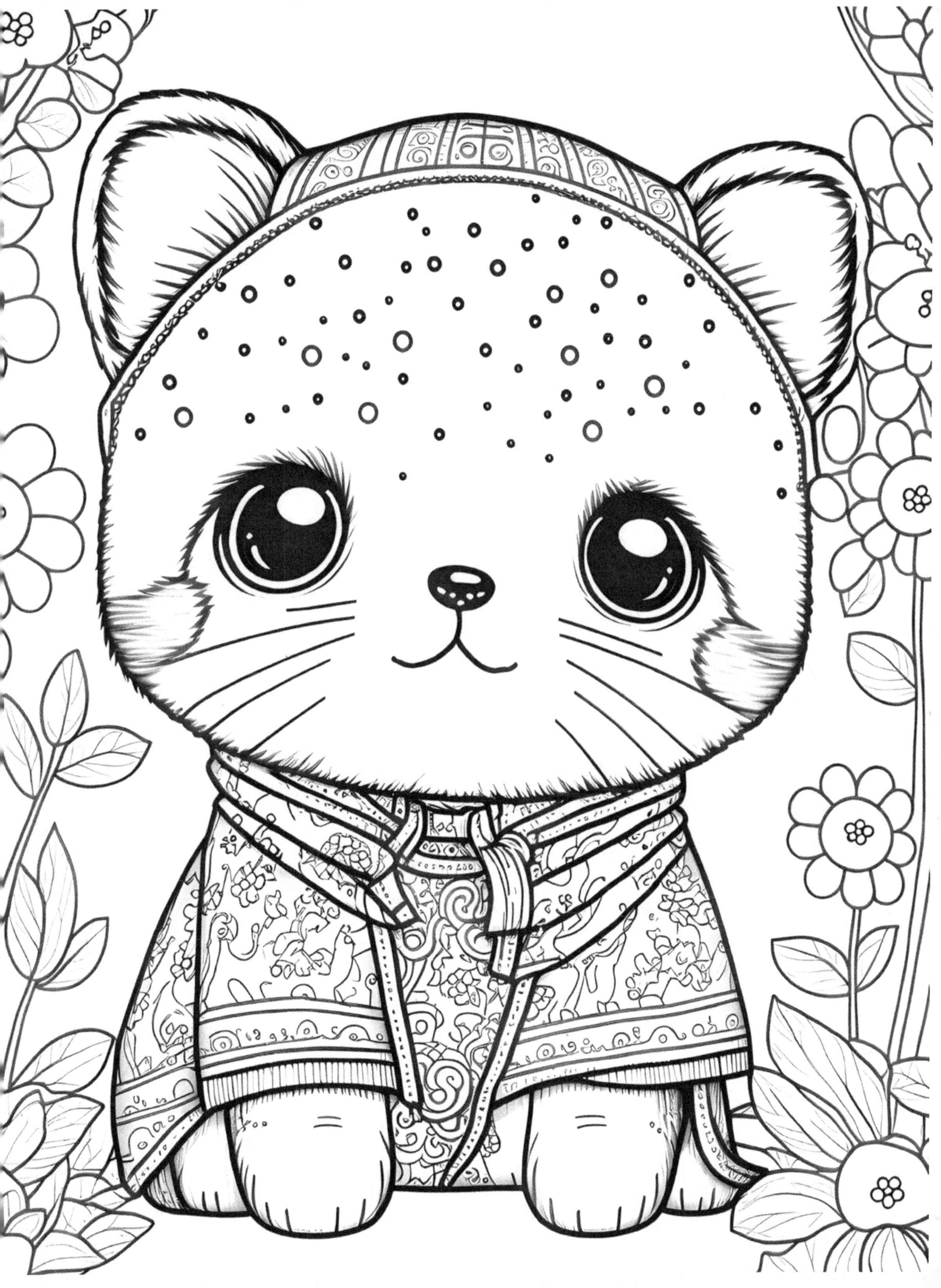

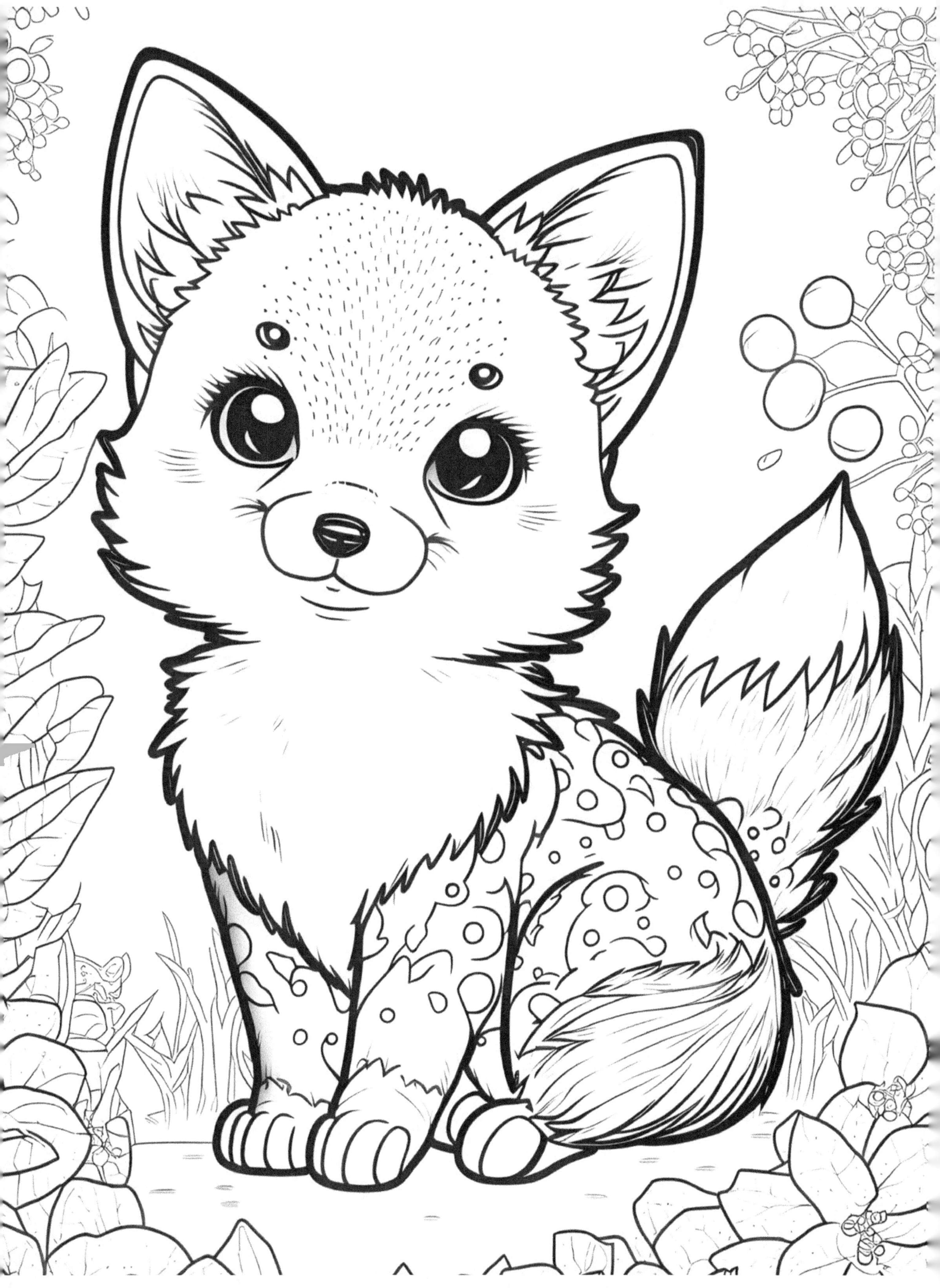

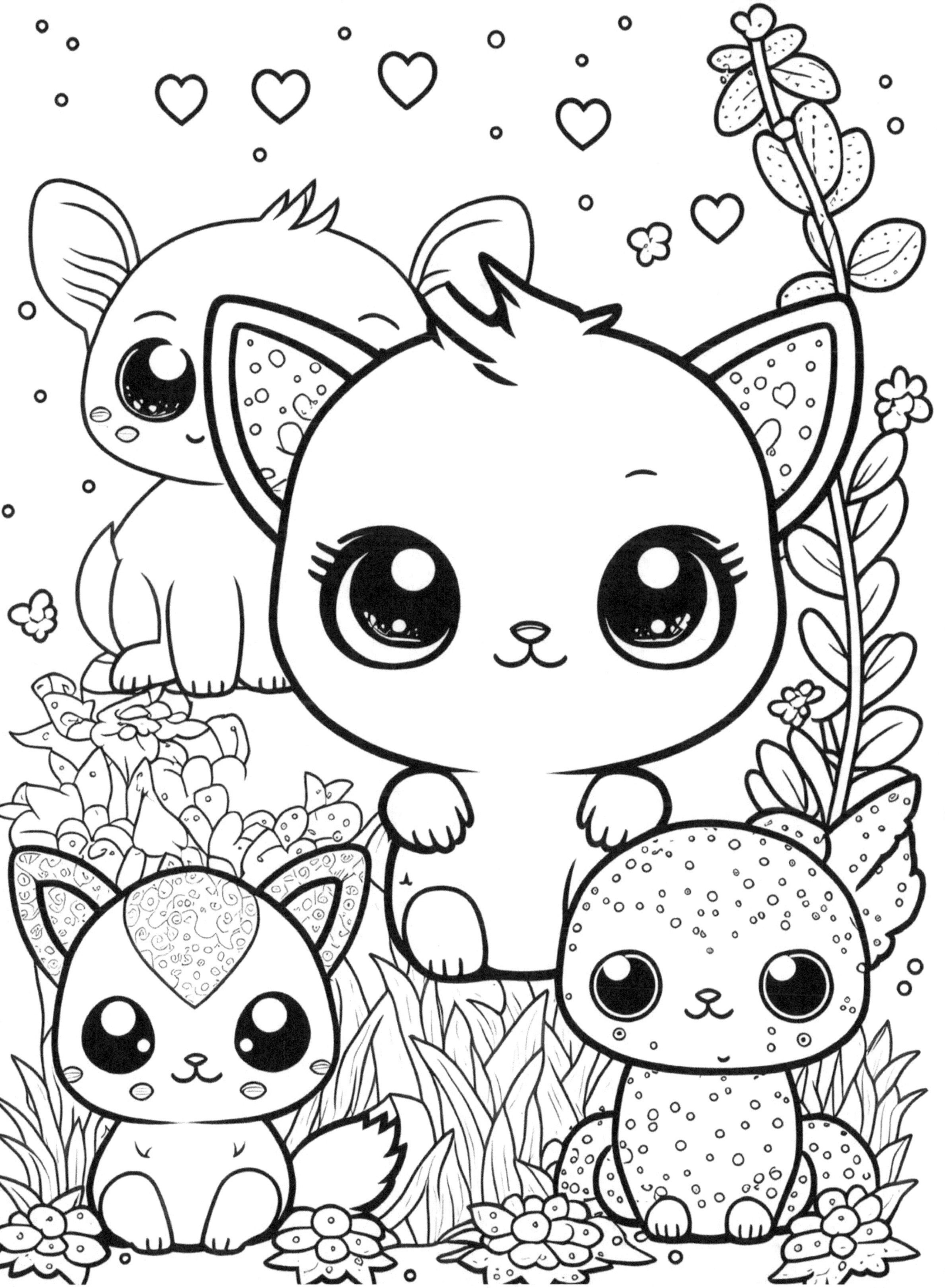

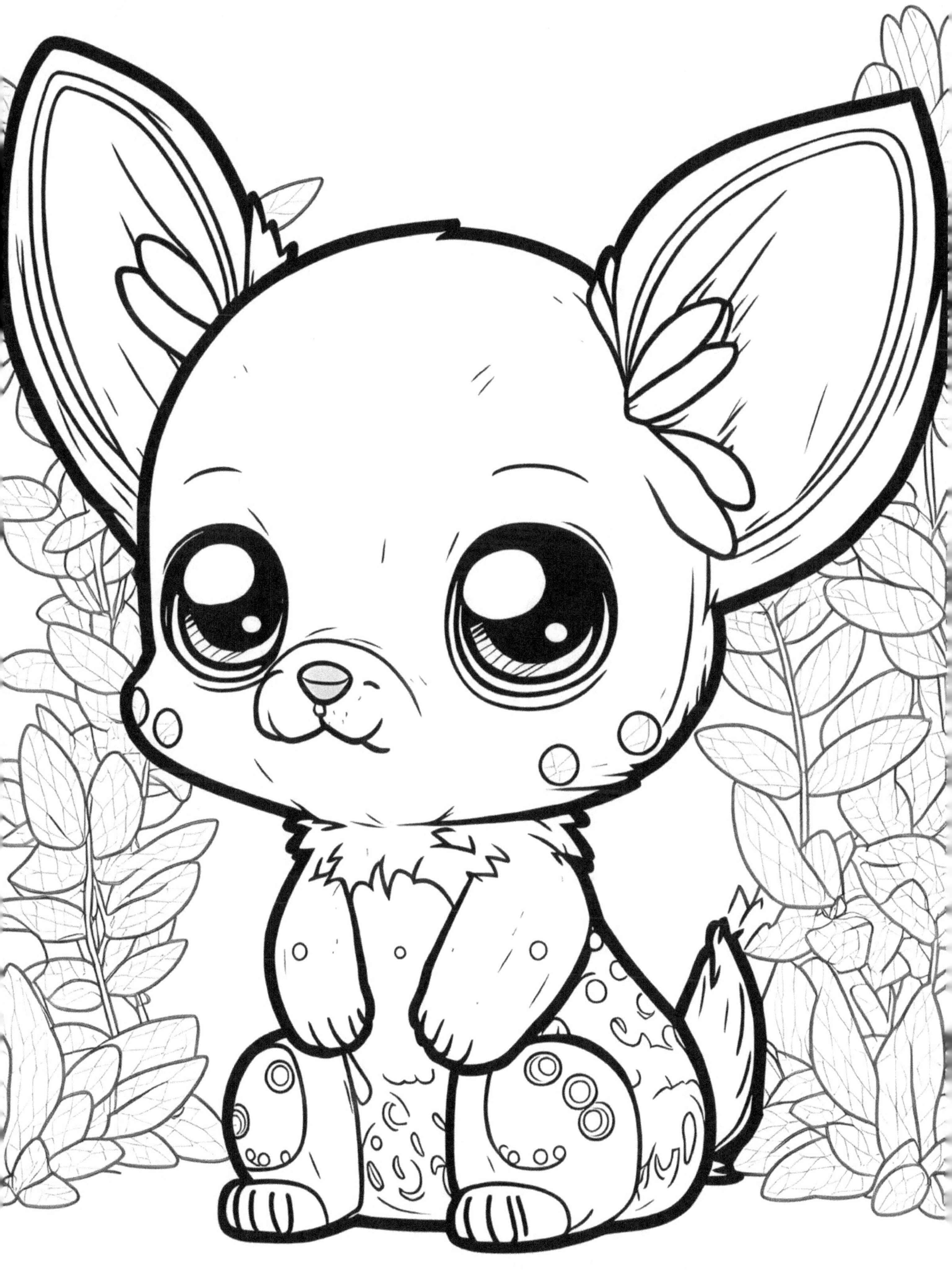

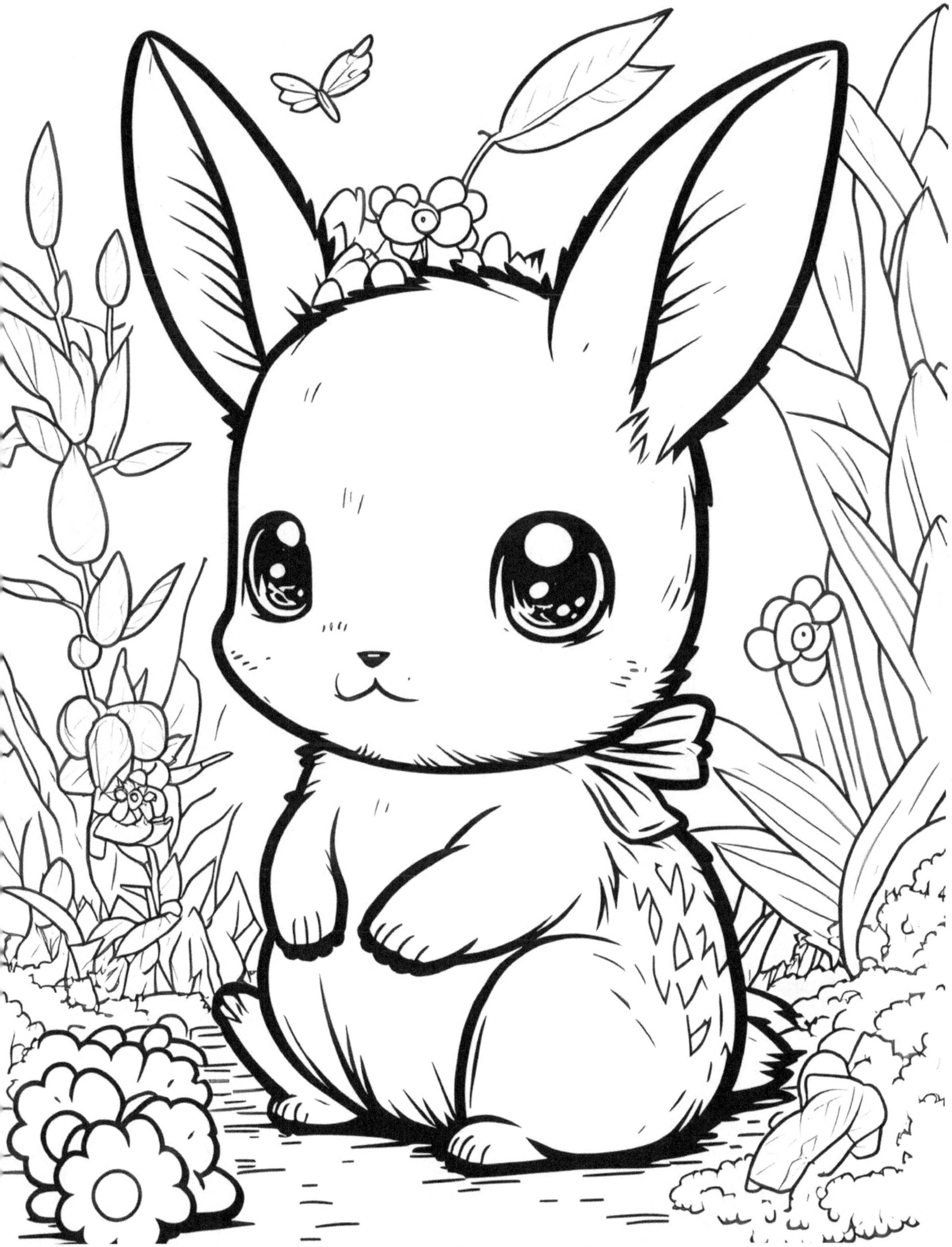

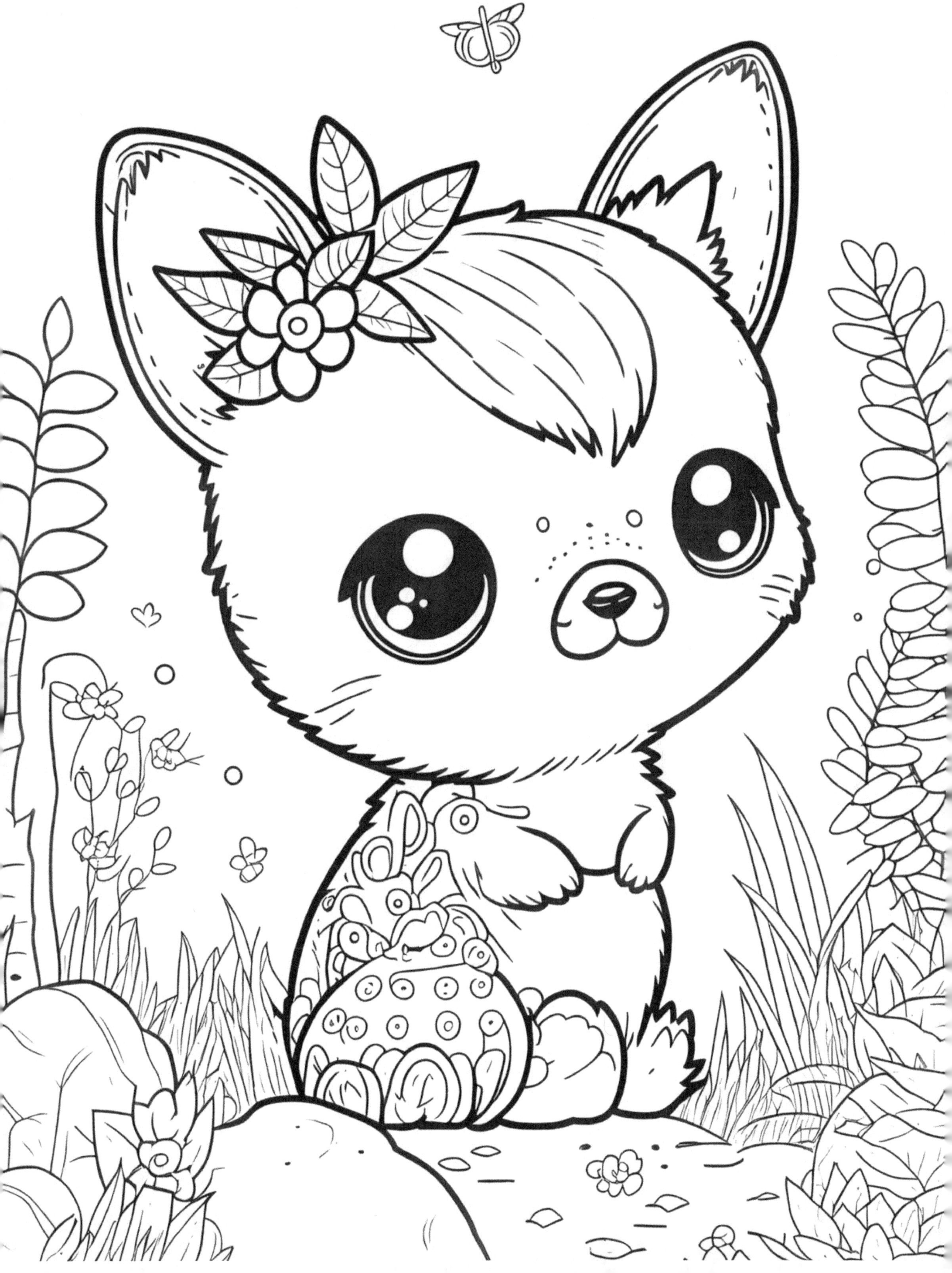

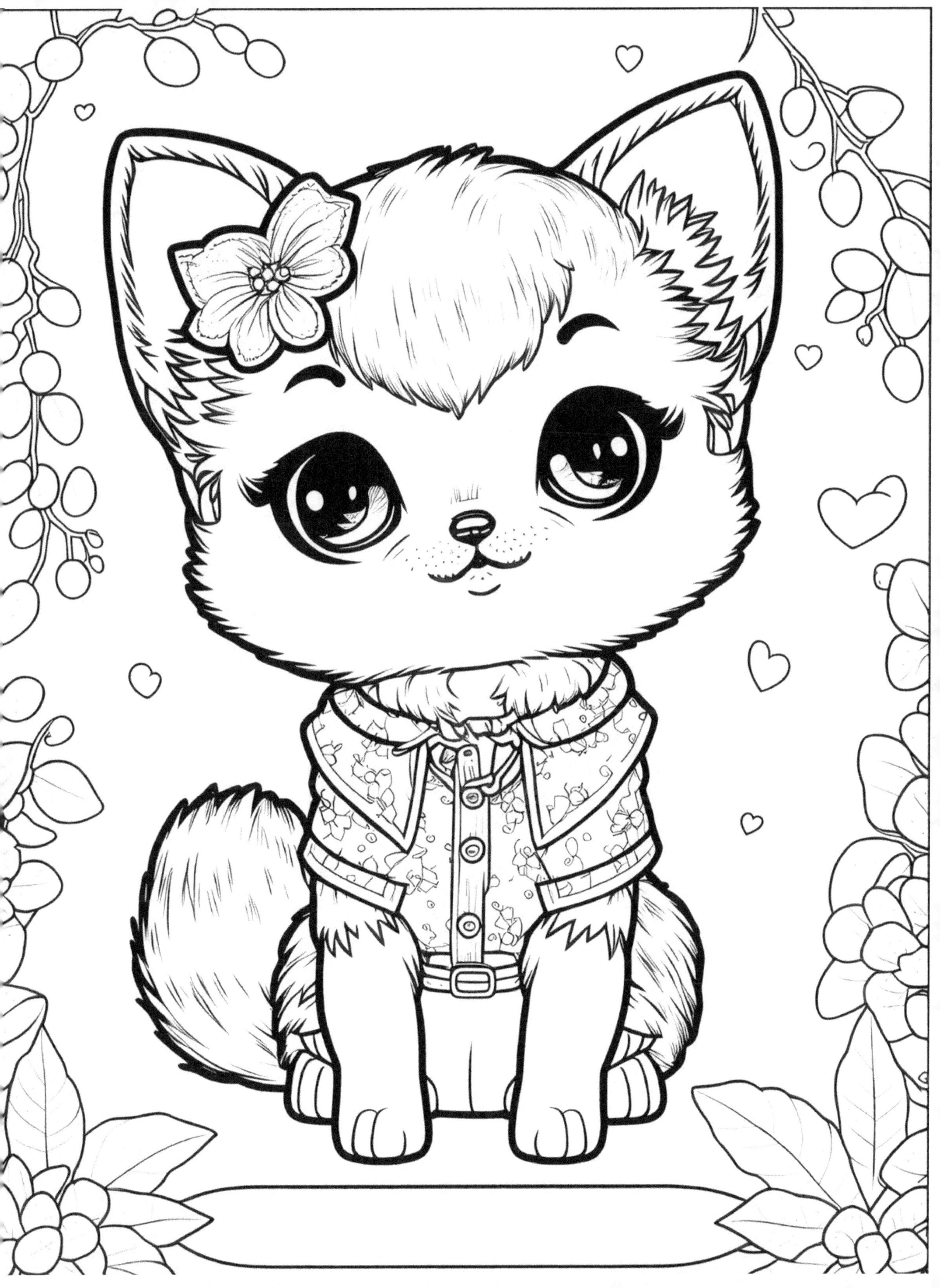

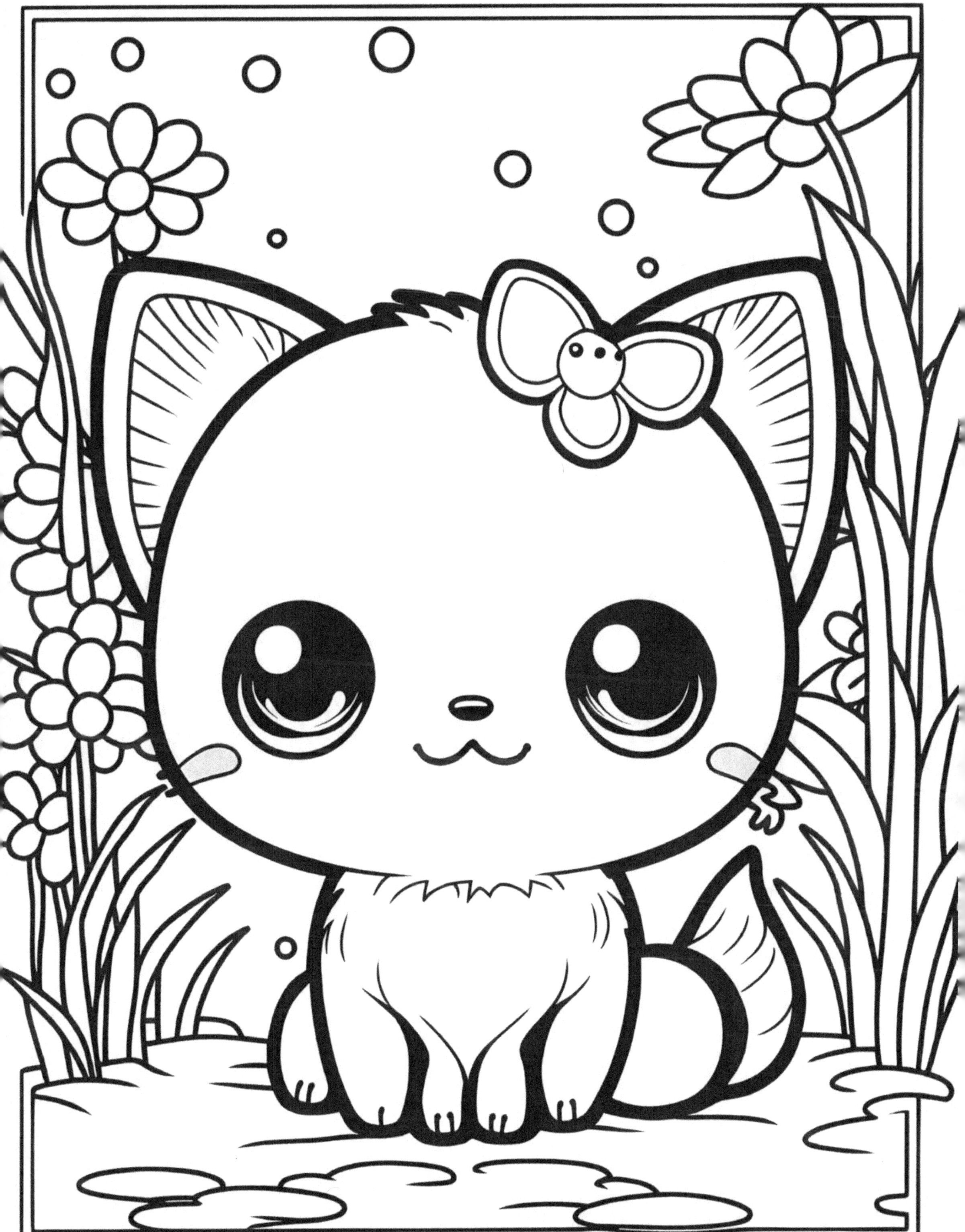

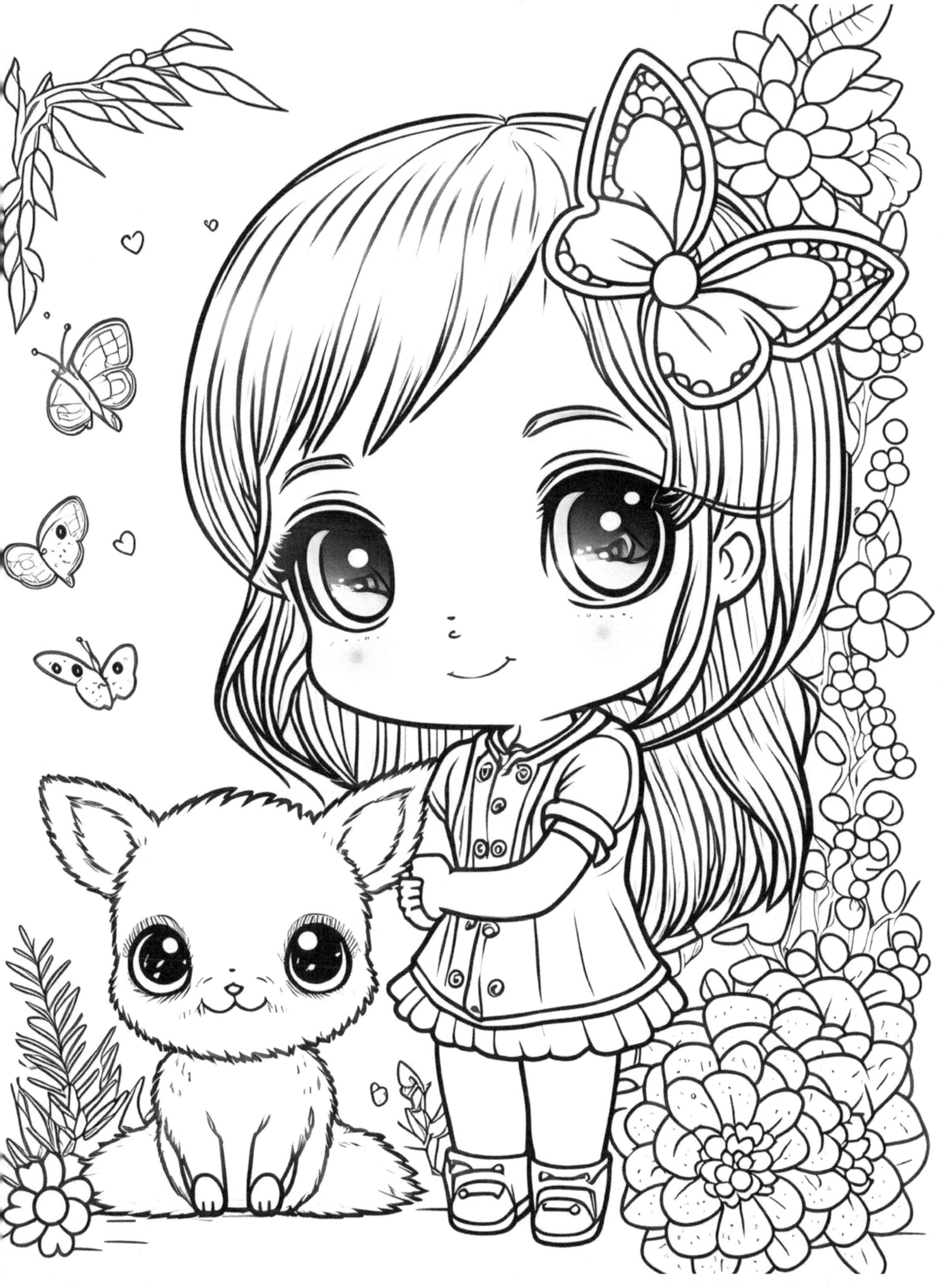

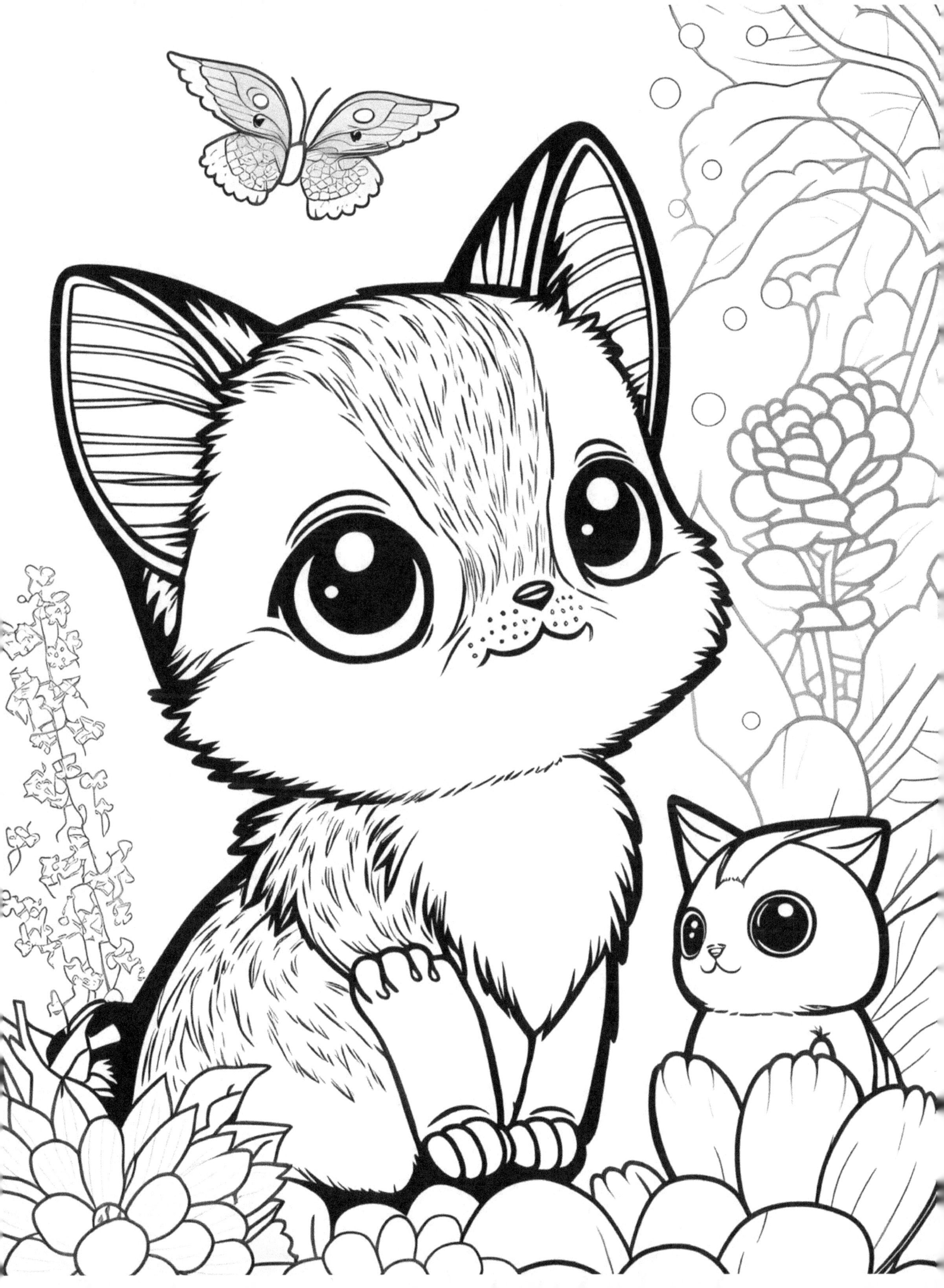

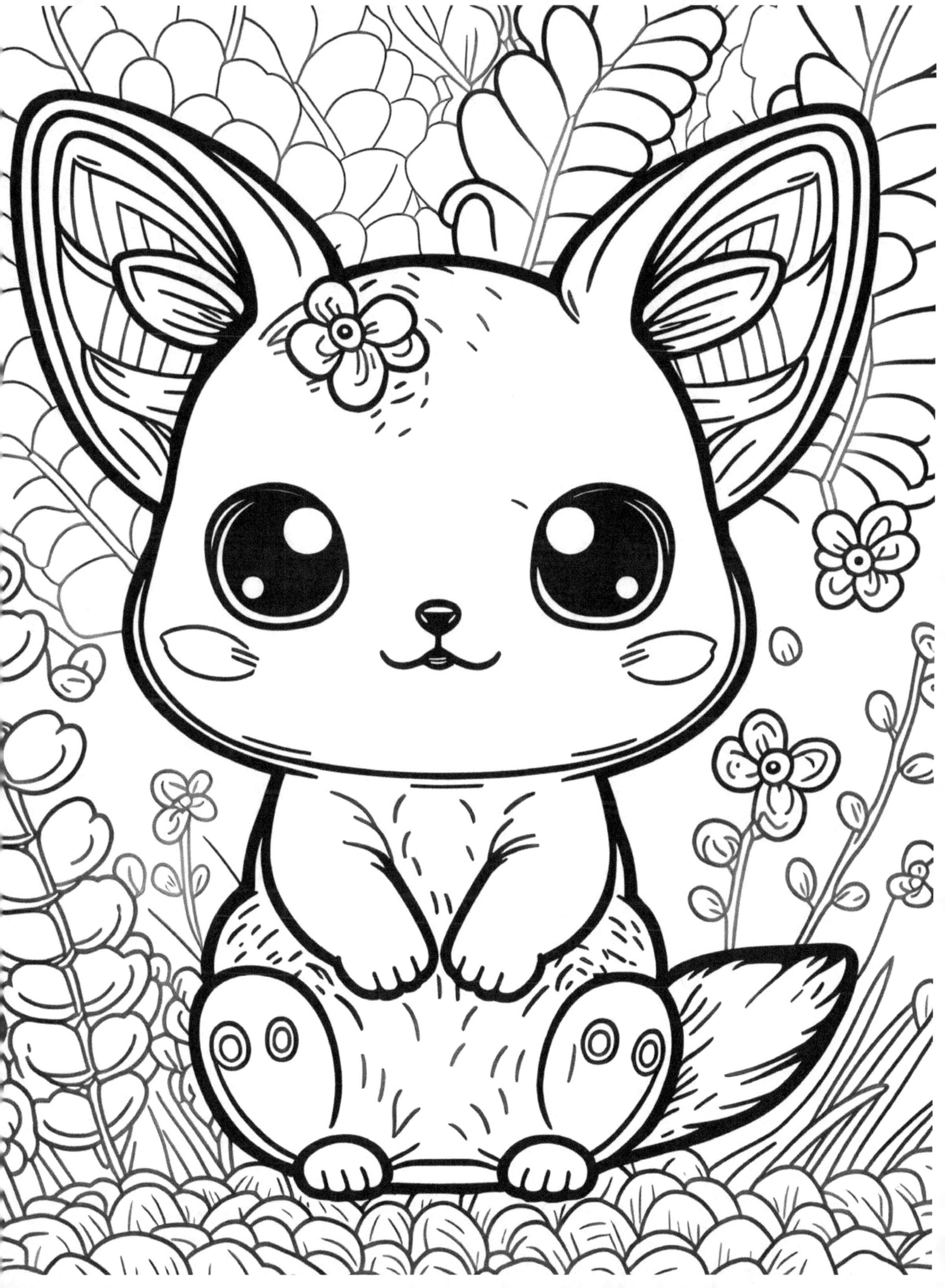

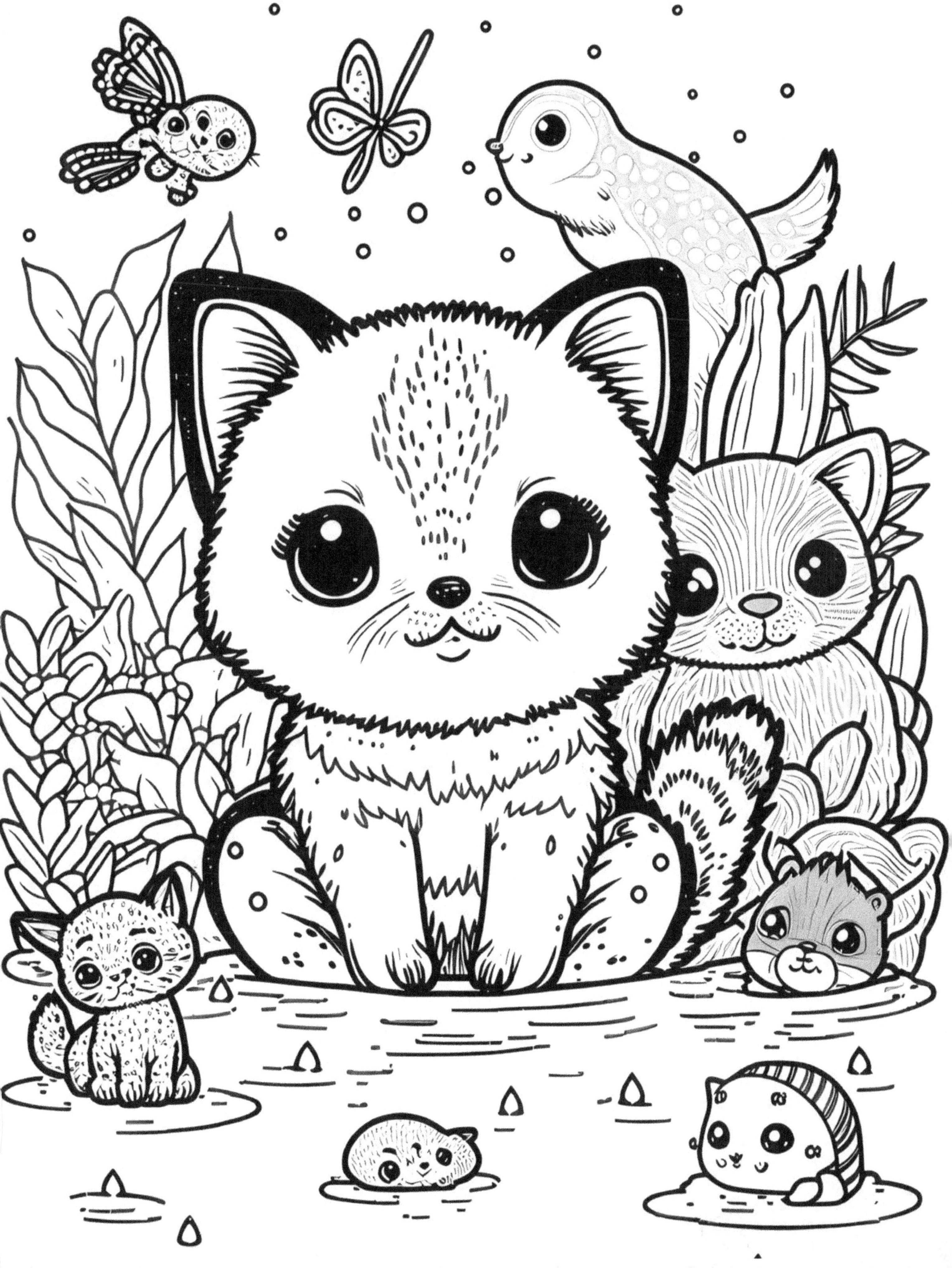

www.ingramcontent.com/pod-product-compliance
Lightning Source LLC
Chambersburg PA
CBHW081420220526
45467CB00009B/2753
* 9 7 9 8 3 8 8 2 1 5 8 9 5 *